BEI GRIN MACHT SICH IHR
WISSEN BEZAHLT

AF168041

- Wir veröffentlichen Ihre Hausarbeit,
  Bachelor- und Masterarbeit

- Ihr eigenes eBook und Buch -
  weltweit in allen wichtigen Shops

- Verdienen Sie an jedem Verkauf

Jetzt bei www.GRIN.com hochladen
und kostenlos publizieren

Umkämpfte Ressourcen und Demokratie im postsowjetischen Raum. Das Konzept des Ressourcenfluchs aus Perspektive der Demokratieforschung

Josef Muehlbauer

Bibliografische Information der Deutschen Nationalbibliothek:

Die Deutsche Nationalbibliothek verzeichnet diese Publikation in der Deutschen Nationalbibliografie; detaillierte bibliografische Daten sind im Internet über http://dnb.d-nb.de abrufbar.

ISBN: 9783346316110
Dieses Buch ist auch als E-Book erhältlich.

© GRIN Publishing GmbH
Nymphenburger Straße 86
80636 München

Druck und Bindung: Books on Demand GmbH, Norderstedt Germany
Gedruckt auf säurefreiem Papier aus verantwortungsvollen Quellen

Das vorliegende Werk wurde sorgfältig erarbeitet. Dennoch übernehmen Autoren und Verlag für die Richtigkeit von Angaben, Hinweisen, Links und Ratschlägen sowie eventuelle Druckfehler keine Haftung.

Das Buch bei GRIN: https://www.grin.com/document/963047

Seminararbeit

Umkämpfte Ressourcen und Demokratie im postsowjetischen Raum

Das Konzept des Ressourcenfluchs aus Perspektive der Demokratieforschung

Verfasser:

Josef Muehlbauer

Wien, im Juli 2019

Studienrichtung: Politikwissenschaft

Studienfach: (Ma9) Osteuropaforschung

Inhaltsverzeichnis

1. Einleitung und Problemdarstellung

Vor über 200 Jahren begann die erste wissenschaftliche Auseinandersetzung über den Zusammenhang zwischen Ressourcen und Frieden (bzw. Krieg) mit der Publizierung des „Essay(s) on the Principle of Population" von Robert Malthus (2007). Darin meint Malthus, dass das lineare Wachstum landwirtschaftlicher Produkte nicht mit dem exponentiellen Wachstum der Weltbevölkerung mithalten könne (vgl. Jakobeit & Meißner 2011: 518). Die Verbindung zwischen Frieden (bzw. Krieg) und Ressourcen wurde zu einem der zentralen politischen und akademischen Themen des 20. aber vor allem auch des 21. Jahrhunderts. So ist die Studie aus dem Jahr 1972: „Die Grenzen des Wachstums" mit dem Fokus auf die Zukunft der Weltwirtschaft schon im darauffolgenden Jahr mit dem Friedenspreis des Deutschen Buchhandels ausgezeichnet worden.[1] Die Schlussfolgerung der Studie war dramatisch und konfliktgeladen: Die Menschheit erreiche die „natürlichen" Wachstumsgrenzen aufgrund des Aufbrauchens der Ressourcen, aufgrund der industriellen Kapazität und aufgrund der irreparablen Umweltzerstörung und Ressourcenextraktion (vgl. Meadows et al. 1972). In der breiten Öffentlichkeit wurde daher nicht zufällig vor häufigeren Konflikten und Kriege um Rohstoffe diskutiert (vgl. Klare 2001: 2008 In: Jakobeit & Meißner 2011: 518). Fragen der gerechten Wohlstandsverteilung oder kritische Fragen in Bezug auf das kapitalistische Akkumulationsregime werden hingegen weitestgehend ausgeblendet (vgl. Görg 1999, Görg & Brand 2002). Das Konzept des Ressourcenfluchs wurde jedoch kaum in Bezug auf den postsowjetischen Raum und in Bezug auf Demokratietheorien in Verbindung gebracht. Hier grätscht dieser Beitrag hinein. Einige wichtige Bemerkungen zum postsowjetischen Raum: Nach dem Zerfall der Sowjetunion bildeten sich zahlreiche Nationalstaaten. Ökonomische und politische Reformen wurden angestrebt, nationale Interessen und Eliten formiert. Vor allem die Kaspische Region mit ihren reichen fossilen Vorkommen steht dabei im Zentrum der konkurrierenden geopolitischen Strategien und wird unter Wissenschaftler*innen als „the (New) Great Game" deklariert (vgl. Meißner 2010: 6). Nicht nur die Weltmächte Russland und China mit ihren „Integrationsprojekten" (GUS, Seidenstraßeninitiative), sondern auch die Europäische Union hat ein starkes Interesse an der Energiepolitik und daher an den fossilen Ressourcenvorkommen des postsowjetischen Raums (vgl. Meißner 2010: 6). In diesem Beitrag werde ich auf Ressourcenkriege (vgl. Braun et al 2009), also auf die geopolitische Dimension nur am Rande eingehen und mich zentral auf das Konzept des Ressourcenfluchs (Ross 2001, Basedau 2005, Humphreys et al. 2007) beziehen. Genauer gesagt

---

[1] Friedenspreis des Deutschen Buchhandels (1973): Der Preisträger 1973. The Club of Rome. Abgerufen am 4.7.2019 unter: https://www.friedenspreis-des-deutschen-buchhandels.de/445722/?aid=537317.

Blicke ich auf jene postsowjetischen Staaten die am meisten Reserven an Erdgas (gemessen in Milliarden Kubikmeter) und Erdöl (gemessen in Millionen Tonnen) besitzen. Dabei blicke ich mit der analytisch-theoretischen Brille des Ressourcenfluchs auf Russland, Kasachstan, Turkmenistan und Aserbaidschan, wobei ich folgende Forschungsfrage zu beantworten gedenke:

1.1 Fragestellung und methodologische Vorgehensweise

Inwiefern können Zusammenhänge zwischen wirtschaftliche, politische und sozio-ökonomische Missstände und dem fossilistischen Ressourcenreichtum im postsowjetischen Raum ausgemacht werden?

Das Konzept des Ressourcenfluchs erfasse ich in Anlehnung der Theorien von Meißner („Caspian resource curse", 2010) und Jakobeit & Meißner (2011). Dabei gehe ich auf Konzepte und Modelle ein wie: Rentierstaatlichkeit, Dutch Disease und Paradox of Plenty ein. Analytisch erfasse ich „Ressourcen" mit der Ressourcentypologie nach Basedau (et al. 2003: 95). Genauer: Die Wirkungszusammenhänge des Ressourcenfluchs werden mit der Ressourcentypologie von Basedau (et al. 2003: 95), nämlich mit den „inter- und transnational prekären Ressourcen" (vgl. Jakobeit & Meißner 2011: 521) verstanden. Ressourcen und Naturverhältnisse werden darüber hinaus mit der Brille polit-ökologischen Forschungsansätzen von Görg (1999) als gesellschaftlich verstanden, das heißt in Zusammenhang mit politisch-ökonomischen sowie sozio-kulturellen Dynamiken und gesellschaftlichen Macht- und Herrschaftsverhältnissen gebracht. Krisenhafte Naturverhältnisse und Rohstoffkriege werden daher nicht allein auf die Probleme der ökologischen Tragfähigkeit des Planten und deren „richtigen" Management reduziert, sondern mit machtvoll gesetzten Produktions- und Konsumnormen, sowie mit tief in der Bevölkerung verankerten Lebensweisen in Zusammenhang gebracht (Brad & Brand 2016: 5). Die gesellschaftspolitischen Faktoren werte ich gemäß der Regimetypologie von Wolfgang Merkel (2010). Die empirischen Daten, Zahlen und Fakten über die fossilen Vorkommen und den wirtschaftlichen, politischen und sozio-ökonomischen Status Quo der Staaten Russland, Kasachstan, Turkmenistan und Aserbaidschan, basieren auf dem BTI (Bertelsmann Transformation Index). Wenden wir uns nun den zentralen Begriffen und Theorien dieser Arbeit zu.

2. Begriffsbestimmungen und theoretischer Rahmen

Paradox of plenty bzw. Ressourcenfluch (resource curse)

Das theoretische Konzept des Ressourcenfluchs (resource curse) beschreibt jenes, auf dem ersten Blick Paradox erscheinende Phänomen, dass Ressourcenreichtum vieler Länder nicht zur

Vermehrung von Wohlstand und Entwicklung, sondern zu Armut, Staatszerfall, (Bürger)Kriege, Krisen, Gewalt und Korruption führen (Croll, Guesnet & Schmitz 2012: 23; vgl. Schärer 2016: 9). Trotz der hohen Rohstoffpreise auf dem Weltmarkt durch deren Abschöpfung und Verkauf, bleibt eine signifikante Anzahl ressourcenreicher Länder in ihrer ökonomischen und sozialen Entwicklung zurück (Khodeli, 2009, S. 5). Viele Experten u.a. Collier (2008, S. 58) bestätigen, dass hohe Erträge aus Rohstoffvorkommen in hohem Masse wachstumshemmend wirken, da bis auf den Energiesektor die anderen wirtschaftlichen Sektoren kaum subventioniert bzw. finanziert werden. Das Phänomen wird deswegen auch als „Ressourcenfluch" oder „Paradox of plenty" bezeichnet. Es gibt aber Länder auf denen dieses Phänomen nicht zutrifft: z.B. Kanada und Norwegen (vgl. Schärer 2016: 10). Meistens wenn hierbei von Rohstoffen die Rede, handelt es sich um fossile Energieträger (vgl. Konzept: Ressourcenextraktivismus). Der Energiesektor wird demnach so mächtig und reich, so dass Konzerne ganze Regierungen und Staaten „absorbieren" bzw. unterminieren (vgl. Konzept: Corporate State Capture). Dabei werden die politischen Kanäle und staatlichen Infrastrukturen für die (meist kurzfristigen) Renten, von einer Gruppe Konzernchefs und Manager genutzt. Drehtüreffekte, aber auch Korruption sind demnach demokratieschädigende Nachwirkungen vom Ressourcenextraktivismus (z.b. Aserbaidschan, oder Russlands Rentenökonomie).

Holländische Krankheit (Dutch Disease)

Bei der sog. Holländischen Krankheit handelt es sich um ein volkswirtschaftliches Modell, welches die negativen Konsequenzen eines „blühenden" bzw. dominierenden Rohstoffsektors auf die restliche Wirtschaft beschreibt (vgl. Cordon & Neary 1982). Mit dem Verkauf von Rohstoffen (meist Erdöl und Erdgas) steigen einerseits die Exporterlöse, wodurch wiederrum Importe billiger werden. Andererseits kommen ausländische Devisen ins Land, was zur Aufwertung der inländischen Währung führen kann (Wechselkursmechanismus). Diese hier beschriebenen Faktoren führen meist zu: Erodierung der heimischen Landwirtschaft; Verschlechterung der internationalen Wettbewerbsfähigkeit; Rückgang von anderen Industriezweigen und sozioökonomische Probleme (wie z.B. Arbeitslosigkeit). (vgl. Cordon & Neary 1982).

Rentierstaatlichkeit und Rentenökonomie

Das Konzept der Rentierstaatlichkeit bezeichnet jene Staaten die ihre Staatseinnahmen überwiegend aus externen Renten, also genauer von ausländischen Unternehmen, Regierungen, oder Einzelpersonen beziehen (vgl. Schmid 1997). Hierzu zählen auch Einnahmen von

Durchleitung (Pipelines) und Ölförderungen. Die größten Einnahmen des Staates kommen also aus dem direkten oder indirekten Renteneinnahmen und führen zur finanziellen Unabhängigkeit „staatstragender" Gruppen. Die daraus entstehenden informellen Netzwerke führen wiederum zu mangelhaften intentionellen Rahmenbedingungen, fehlende politische Transparenz, beschränkter politischer Wettbewerb, Neopatrimonialismus und angeschlagene Rechtsstaatlichkeit (ebd.). Ein weiteres Merkmal des Rentierstaates ist es, dass Transferleistungen gezielt eingesetzt werden, um gewisse Gruppen und gesellschaftliche Akteure zu einem politisch opportunen Verhalten zu bewegen. Damit einher geht auch die politische Loyalität, welche durch Subventionen und Anstellungen in der staatlichen Bürokratie belohnt wird. Die dabei entstehende enge Verzahnung von politischen Ämter und ökonomischen Akteure (Klientelismus) führt zu einem ineffizientem Wirtschaften und einem rent-seeking Verhalten. Diese Art von Korruption, bzw. Patronagebeziehungen untergraben die Demokratie, die staatliche Legitimität und führen oftmals zu sozioökonomische Probleme (Arbeitslosigkeit, fehlender Sozial- und Wohlfahrtsstaat etc.). (vgl. Meißner 2010). Die Rentenökonomie ist also jene Wirtschaftsform in der wirtschaftspolitische Akteure nicht durch Eigenleistung und produktive Faktoren Vermögen anhäufen, sondern durch die Ausnutzung struktureller Knappheit (die wiederum zum Schaden der Allgemeinheit führt). Renten übersteigen demnach ihre Opportunitätskosten (also deren eingesetzte Wirtschaftsfaktoren wie Arbeit, Rohstoffe usw.).

Nachdem die zentralen Konzepte und Begriffe dieser Arbeit ausbuchstabiert wurden, wende ich mich nun der konkreten Länderanalyse zu.

3. Länderanalyse des postsowjetischen Raums

Hier in diesem Kapitel gilt es zunächst die sozioökonomischen und politischen Merkmale der einzelnen Länder zu überprüfen und zwar mit den vorhin beschriebenen Konzepten und theoretischen Ansätze. Mit anderen Worten wende ich die theoretischen Werkzeuge nun konkret an den Ländern Russland, Kasachstan, Turkmenistan und Aserbaidschan an.

3.1 Russland

Russland ist ein Land mit großen Erdgas und Erdölvorkommen. Im Jahr 2018 betrug die Erdgasförderung in Russland rund 669,5 Milliarden Kubikmeter (exkl. Fackel- und Recyclinggas). Die Erdölproduktion in Russland belief sich im Jahr 2018 auf rund 563,3

Millionen Tonnen. (Stand 2018)[2]. Diese Zahlen geben einen wichtigen Hinweis auf die Bedeutung des Energiesektors für die russische Wirtschaft. Doch dieser „Ressourcenreichtum" hat auch seine Kehrseite, wie es unter anderem am Elitenkonflikt in der Erdölindustrie (Fall Rosneft) anzulesen ist: Der russische Energieriese Rosneft erscheint nämlich als Hybrid aus politischem Apparat und Wirtschaftsunternehmen. Mit einem Satz zusammengefasst handelt es sich dabei um unternehmerisch tätige Staatsfunktionäre und Oligarchen, die unter Missachtung rechtsstaatlicher und marktwirtschaftlicher Prinzipien – freiwillig oder unfreiwillig – die Verschmelzung von Staat und Wirtschaft vorantrieben (vgl. Götz 2018). Um diese Verschmelzung von politischen und wirtschaftlichen Akteuren und Interessenlagern besser zu verstehen bedarf es einer kleinen Exkursion:

Die Sicherheits- und Verteidigungsapparate (*Siloviki*) der russischen Regierung haben unter Putin an Einfluss gewonnen. Laut dem BTI Bericht von 2018 handelt es sich bei der russischen Elite um ein „authoritarian-bureaucratic nomenklatura system". Margareta Mommsen (2018) würde dem mit anderen Worten zustimmen: „Gelenkte Demokratie, simulierte Demokratie oder autoritäre Präsidialherrschaft: Das politische System der Russischen Föderation hat viele Bezeichnungen. Das "System Putin" ist eine Mischung aus Autokratie und Oligarchie." Ein Merkmal dieses Systems ist seine dualistische Machtstruktur, nämlich die autoritäre Präsidialherrschaft einerseits und die schwer durchschaubaren informellen polit-ökonomischen Netzwerke (ebd.). Die administrative Seite des russischen Staates ist durch Ineffizienz charakterisiert (BTI 2018: 8f.). Das Wahlsystem ist nominal zwar demokratisch, ist de facto jedoch stark beschränkt auf die präsidentielle Partei (United Russia) und deren loyalen Verbündeten (ebd.). Wahlkampagnen sind oftmals manipuliert worden und der Staat kontrolliert die meisten Medien und deren politische Inhalte (ebd.). Die vorhin erwähnten Siloviki, also der exekutive Staatsapparat hat realpolitisch den größten Einfluss, wohingegen das Parlament nur wenig Kontrolle ausüben kann (ebd.: 10). Neue Gesetze schränken zivilgesellschaftliche Aktivitäten ein – so werden gewisse NGOs im Register der „ausländischen Agenten" geführt (ebd.: 11). Die Bindenden Entscheidungen trifft der Kreml, genauer: der Präsident Vladimir Putin und seine nahestehenden Kollegen, wobei auf lokaler Ebene die einzelnen Republiken die Entscheidungsmacht über gewisse Politikbereiche

---

[2] Statista (2019): Erdgasförderung in Russland bis 2018, URL:
https://de.statista.com/statistik/daten/studie/40775/umfrage/russland---erdgasproduktion-in-milliarden-kubikmeter/.
Statista (2019): Erdölproduktion in Russland in Tonnen bis 2018, URL:
https://de.statista.com/statistik/daten/studie/40267/umfrage/russland---erdoelproduktion-in-millionen-tonnen/

innehaben. Informelle Netzwerke, also neopatrimoniale Verhältnisse bestehen weiterhin, da Politiker oftmals mit Konzernmanager und Firmenchefs in enger Beziehung stehen und Korruption ausüben (BIT: 10). Die Herrschaftsstruktur ist gekennzeichnet durch Korruption, Nepotismus bzw. Neopatrimonialismus, da Konzernmanager und Firmenchefs einen privilegierten Zugang zu staatlichen Ressourcen und Kanälen sowie Infrastruktur haben. Dadurch entstehen informelle Netzwerke die nicht von demokratischen Steuerungssysteme kontrolliert oder reglementiert werden. Die Verteilung der Macht und die Verteilung von Herrschaftsträgern ist nicht horizontal, sondern hierarchisch und vertikal. Die Herrschaftsweise erfolgt oftmals jenseits rechtsstaatlicher Grundsätze, da der russische Staatsapparat repressiv gegen politische Opponenten handelt. Ein prominentes Beispiel hierfür ist Aleksey Navalny, der systematisch von seinem politischen Aktivismus ferngehalten wurde (BIT: 10).

In Summe muss festgehalten werden dass der Herrschaftszugang nicht offen ist, die Herrschaftsstruktur wenig bis gar nicht pluralistisch. Der Herrschaftsanspruch beruht offiziell zwar auf dem Prinzip der Volkssouveränität ist aber de facto unbegrenzter und greift in die Zivilgesellschaft bzw. sogar in die Privatsphäre der Bürger ein. Die Herrschaftsausübung erfolgt offiziell nach rechtsstaatlichen Prinzipien, diese werden aber durch Korruption und der Stärke von Putins Partei ziemlich stark verzerrt bzw. sogar außer Kraft gesetzt. Generell gilt: Autoritäre Systeme sind gekennzeichnet durch einen eingeschränkten Pluralismus (Herrschaftsstruktur), durch einen weit in die Individualsphäre eindringenden Herrschaftsanspruch und durch eine nicht rechtsstaatlich normierte Herrschaftsweise (also eine Weltanschauungen die von Patriotismus, Nationalismus, innere und äußere Sicherheit usw. geprägt ist) (vgl. Merkel 2009: S.41). Dadurch kann Russlands politisches System als autoritäres System bzw. als Autokratie bezeichnet werden. Russland kann spezifischer sogar als autoritäres Rentenregime klassifiziert werden. Ein weiteres Merkmal sind die konkurrierenden Eliten bzw. der exekutive Apparat der in rivalisierende Netzwerke aufgeteilt ist, die allesamt der Logik des „rent-seeking" folgen.

3.2 Kasachstan

Die Förderung von Erdöl ist die wichtigste Einnahmequelle des kasachischen Staates. Die Staatselite kontrolliert diesen Wirtschaftssektor, nicht zuletzt aufgrund der staatlichen Erdölgesellschaft *KazMunayGas*. Das Land verfügt aber auch die weltweiten größten

Uranreserven, sowie große Mengen an Kupfer und Eisenerz. Die Erdölproduktion in Kasachstan belief sich im Jahr 2018 auf rund 91,2 Millionen Tonnen (Stand 2018)[3].

Die schon bei Russland konstatierte Verzahnung von politischen Ämtern, informellen Netzwerke und wirtschaftliche Akteure, kann in einer noch autoritäreren Variante auch bei Kasachstan entdeckt werden. Das Herrschaftsmonopol Kasachstans wird hauptsächlich durch das KNB (National Security Commitee) und dem Innenministerium ausgeübt. Proteste aus dem Jahr 2016 konnten friedlich entschärft werden und nur in den Aqtobe Region gab es terroristische Attacken und „counterterroristische Aktionen". Der Herrschaftszugang bzw. die Herrschaftslegitimität ist deutlich beschnitten, da der Nazarbayev mit fast 98% die Wahlen (Dez. 2016) gewann. Die zwei großen Parteien im politischen System teilen sich die Macht und sind dem Präsidenten gegenüber loyal. Kasachstan wird auch als Präsidialrepublik bezeichnet und besteht aus einem Zweikammersystem (Senat und Unterhaus). Der Herrschaftszugang ist also wesentlich beschränkt auf die Regimetreuen Leute rund um den Präsidenten. Obwohl aus offizieller Seite die Wahlen als offen und frei deklariert wurden, entdeckte die Wahlbeobachtung der OSZE gewisse Tendenzen der Manipulierung. Medienanalysen bzw. Mediensender sind oftmals in den Händen des Staates und haben eine voreingenommene politische Position. Im Demokratieindex von 2016 belegt das Land den 139. Platz von insgesamt 167 Ländern. Die Herrschaftsstruktur ist gekennzeichnet durch Korruption, Nepotismus bzw. Neopatrimonialismus, da Konzernmanager und Firmenchefs einen privilegierten Zugang zu staatlichen Ressourcen und Kanälen sowie Infrastruktur haben. Dadurch entstehen informelle Netzwerke die nicht von demokratischen Steuerungssysteme kontrolliert oder reglementiert werden. Die Verteilung der Macht und die Verteilung von Herrschaftsträgern ist nicht horizontal, sondern hierarchisch und vertikal. Die Herrschaftsweise erfolgt nicht rechtsstaatlichen Prinzipien, denn es gibt de facto keine Gewaltenteilung, keine ernst wahrgenommene Verfassung, denn Nazarbayev kontrolliert alle Bereiche des Staatsapparates. Wie schon bei der H-Struktur erwähnt, ist das System durch Korruption gekennzeichnet, dem würden 2/3 der Bevölkerung zustimmen. Des Weiteren gibt es keine freie Meinungsfreiheit und die Einhaltung der elementaren Menschenrechte ist auch nicht gegeben. Diskriminierungen erfolgen auch entlang der LGBT-Community. Der Herrschaftsanspruch geht tief ins Privatleben hinein, denn Menschenrechte werden nicht eingehalten. Nicht nur das Sexualleben, sondern auch die religiöse Sphäre des Lebens sind in Kasachstan stark

---

[3] Statista (2019): Erdölproduktion in Kasachstan in Tonnen bis 2018, URL:
https://de.statista.com/statistik/daten/studie/40264/umfrage/kasachstan---erdoelproduktion-in-millionen-tonnen/.

beeinträchtigt. Die Medienkanäle sind in staatlicher bzw. in präsidentieller Hand und somit gibt es keine öffentliche bzw. breite Kontrolle und Selbstbestimmung und keine bzw. wenige private Rückzugsgebiete. Auch der Bereich der Zivilgesellschaft ist deutlich geschwächt und das Regime zeigt repressive Seiten. Es herrscht ein strenger Überwachungs- und Folterapparat der für Disziplin und Ordnung im Sinne der führenden Eliten sorgt.

Kasachstan unterhält strategische Partnerschaften sowohl mit Russland und China, als auch mit den USA (vor allem im Kampf gegen den Terrorismus). Mit Russland ist man durch die GUS und durch das militärische Bündnis (Organisation des Vertrags über kollektive Sicherheit) verbunden. In Summe kann Kasachstan zwar mit wenigen positiven Tendenzen sich rühmen, (z.B. Abschaffung der Todesstrafe 2009) und steht international unter heftiger Kritik (Folter und willkürliche Inhaftierungen). Auch Reporter und zivilgesellschaftliche Publikationen über die Lage des Landes werden immer schwieriger, da die Meinungsfreiheit stark eingeschränkt ist (Platz 157 von 180). 2011 kam es zum Schangaösen-Massaker, bei dem zahlreiche Menschen ums Leben kamen. Obwohl Kasachstan das reichste Land Zentralasiens ist und am Erdölreichtum stark am Weltmarkt profitiert, lebt der Großteil der Bevölkerung in Armut und unter schwierigen Lohn- und Arbeitsbedingungen. Nur eine kleine Elite rund um den Präsidenten profitiert von dem Ressourcenextraktivismus. Die Wettbewerbsfähigkeit des Landes hingegen ist stark und belegt den 53. Platz von 138 Ländern.

Kasachstan ist mit einem zusammenfassenden Satz: ein autoritärer Rentierstaat, mit einer korrupten politischen Elite.

3.3 Turkmenistan

Die Länder des Kaspischen Raums verfügen über reiche Öl- und Gasreserven. Im Jahr 2018 betrug die Erdgasförderung in Turkmenistan rund 61,5 Milliarden Kubikmeter (Stand 2018)[4]. Turkmenistan versuchte seine Abhängigkeit von Russland beim Erdgasexport durch neue Pipeline-Projekte zu verringern. 1997 wurde eine Pipeline von Turkmenistan in den Iran in Betrieb genommen – die Korpedzhe-Kurt Kui Pipeline. Die im September 2009 fertiggestellte Turkmenistan-China Pipeline ist das bisher größte Pipeline-Projekt für den Export turkmenischen Erdgases. Sie verläuft von Turkmenistan über Usbekistan und Kasachstan nach China. 2011 exportierte Turkmenistan 14,25 Mrd. m³ Erdgas nach China - langfristig ist ein Volumen von 65 Mrd. m³ geplant. Nun werfe ich einen Blick auf die politische Lage:

---

[4] Stastita (2019): Erdgasförderung in Turkmenistan bis 2018, URL:
https://de.statista.com/statistik/daten/studie/40776/umfrage/turkmenistan---erdgasproduktion-in-milliarden-kubikmeter/.

Der Herrschaftszugang bzw. die Herrschaftslegitimität ist deutlich eingeschränkt bzw. beschränkt, da der Präsident Gurbanguly Berdimuhamedov de facto das Monopol in sich hält, bzw. die gesamte Administration und Staatsapparat auf sein Kommando hört. Die Regierung ist also stark zentralisiert und nicht allgemein offen. Dieser Top-Down Herrschaftsansatz bevorzugt natürlich nur jene herrschende Elite rund um den Präsidenten und geht nicht auf die Repräsentation der gesamten Bevölkerung ein. Die Herrschaftsstruktur ist gekennzeichnet durch Korruption, Nepotismus bzw. Neopatrimonialismus, jedoch ist der dominante Part der Präsident, welcher ständig die Posten der Ämter und wichtiger Konzerne rotiert. Demokratische Wahlen sind alles andere als frei und demokratisch und offen. Die Herrschaftsweise erfolgt nicht rechtsstaatlichen Prinzipien: Zwar gelten offiziell und formal die Gleichheit vor dem Gesetz (Artikel 4,5 und 25-65 der Verfassung), aber in der Praxis werden verfassungsrechtliche Garantien nicht eingehalten. Die Rechte der Minderheiten werden oftmals ignoriert, und diese (Kazachen, Russen, Kurden usw.) werden sogar oftmals diskriminiert. Fast 40.000 Leute sind auf einer "schwarzen Liste" laut inoffiziellen Daten und Angaben. Darunter zahlreiche Dissidenten, kritische Stimmen gegen das Regime, religiöse Minderheiten usw. Turkmenistan ist ein säkularer Staat und religiöse Dogmen haben wenig bis gar keinen Einfluss auf die Politik und Gesetzgebung. Der Herrschaftsanspruch geht tief ins Privatleben weil die Religions,-Versammlungs-, und Rede- und Meinungsfreiheit deutlich eingeschränkt sind. Der Staat kontrolliert stark die Aktivität von religiösen Organisation und auch jene von zivilgesellschaftlichen Akteuren. Auch die Medien sind Teil des herrschenden Staatapparates und die Organisation "Reporters without Borders" meint, dass Turkmenistan an 178. Stelle von insg. 180 Länder zu klassifizieren ist. Also mit anderen Worten: Es gibt keine freie Meinungs- und Pressefreiheit in dem Land. Der Staat hat das Monopol der öffentlichen Meinungsbildung.

Die Herrschaftsstruktur ist nicht demokratisch, da es keine Gewaltenteilung gibt. Zwar existieren solche formale Kriterien, jedoch werden diese samt der Verfassung ständig missachtet bzw. übertreten. Die Judikatur ist nicht unabhängig von den Entscheidungen und Meinungen des Präsidenten, der immer das letzte Wort hat bei wichtigen Gesetzesbeschlüsse. Die Bekämpfung der offensichtlichen Korruption findet im Land gar nicht statt. Mit anderen Worten: Korruption ist sogar ein Markenzeichen des Landes. Das Land ist zusätzlich auch noch geprägt von einem immer stärker werdenden Nationalismus. Mit dem Konzept des "Mimikri", kann das politische System von Turkmenistan als ein autoritäres Regime, bzw. sogar als eine Diktatur verstanden werden, die in gewisser Hinsicht jedoch ein "Gesicht" von Demokratie vorzeigt. Es werden mit anderen Worten demokratische Funktionen, Institutionen und Prozesse "simuliert", "inszeniert" und dargestellt, aber nicht ernst genommen, bzw. nicht real umgesetzt.

Es gibt formal ein Mehrparteiensystem, jedoch bei einem genauen Blick erkennt man sofort, dass es keine wahre Opposition gibt. Im Demokratieindex befindet sich das Land auf 162. Stelle von 167 bewerteten Ländern. Die schon erwähnte Problematik mit der Pressefreiheit kann auf dem Niveau von Nord Korea bemessen werden. Die geschickt installierte Neutralität soll dem Land in einer geopolitisch konfliktreichen Region einerseits alle Optionen zum Export seiner Energieressourcen offenhalten, andererseits erfordert die Isolation westlichen Beobachtern zufolge fortwährende, teils gravierende staatliche Eingriffe in individuelle Freiheitsrechte und behindert die Modernisierung der Wirtschaft. Wirtschaftlich arbeitet Turkmenistan mit zahlreichen Ländern zusammen, die Interesse an den reichen Erdgas- und Erdölvorkommen Turkmenistans haben, unter anderem mit Russland, der Türkei und den USA. Als deutsche Konzerne profitieren vor allem die Deutsche Bank, Siemens und die Daimler AG von Aufträgen des Landes. Auch bei diesem Land kann festgehalten werden, dass es sich um eine autoritäre Rentierstaatlichkeit handelt. Jedoch ist die Grenze zur Diktatur nicht allzu weit. Es ist mit Sicherheit kein totalitäres System, da dem Land die dementsprechende Ideologie oder fanatische Staatsreligion fehlt. Die Länder Kasachstan und Turkmenistan zeigen deutliche Gemeinsamkeiten und sind auf jeden Fall negativer als das russische Regime zu bewerten.

3.4 Aserbaidschan

Aserbaidschan lockte nach der Unabhängigkeit erfolgreich ausländische Investoren an. Mit deren Hilfe realisierte das Land mehrere Pipeline-Projekte zum Export von Öl und Gas. Im Jahr 2006 ging die Baku-Tiflis-Ceyhan Ölpipeline (BTC-Pipeline) in Betrieb. Die Pipeline mit einer Kapazität von 1,2 Mio. Barrel pro Tag verläuft von dem Ölfeld-Komplex Azeri-Chirag-Gunashli (ACG) vor der aserbaidschanischen Küste über Georgien zum Mittelmeerhafen Ceyhan in der Türkei (Abdolvand 2013). Darüber hinaus ist Aserbaidschan seit 2007 Nettoexporteur von Erdgas. Durch die Entdeckung des Gasfeldes Shah Deniz vor der aserbaidschanischen Küste konnte die Erdgasproduktion Aserbaidschans maßgeblich erhöht werden (ebd.). Und nun zum politischen System:

Aserbaidschan wird politisch, als auch ökonomisch von einigen klientelistischen Netzwerken dominiert (Meißner 2016: 6). Diese besetzen staatlichen Institutionen und realisieren dadurch ihre partikularen Wirtschaftsinteressen (ebd.). Der Präsident Ilham Aliyev und seine loyalen Anhänger sind das Machtzentrum. Ganze Wirtschaftssektoren sind in den Händen der Familie des Präsidenten, bzw. dessen Freundeskreis. Um dieses System besser zu verstehen, können Begriffe wie Neopatrimonialismus, Klientelismus, Korruption, oder Klan-Herrschaft verwendet werden. Laut dem BTI (2018) ist Aserbaidschan eine full-fledged autocracy.

Spätestens seit 2016 kann die Holländische Krankheit in diesem Land festgemacht werden, da die aserbaidschanische Wirtschaft trotz ihres Ressourcenreichtums, zu eine der schnellst schrumpfenden Ökonomien der Welt zu zählen ist (BTI 2018: 16). Das wird darüber hinaus durch soziale Probleme (wie Arbeitslosigkeit und Armut) geprägt, was wiederrum zu massiven Protesten gegen das Regime führte. Das Regime versucht seine Loyalität und Legitimität gewissermaßen zu „erkaufen" und zwar über eine fabrizierte Staatsidentität, über Schulcurricula, Bücher und nicht zuletzt über die mediale Staatspropaganda (BTI 2018: 8). Parlamentsangehörige sind im Grunde Protegés bzw. Verwandte von Oligarchen. Es gibt keine unabhängige Judikatur. Das Verfassungsgericht hat keine effektive Macht. Die Regierung kontrolliert die Zivilgesellschaft, somit ist diese schwach, bzw. gar nicht vorhanden. Das heißt dass der Herrschaftsanspruch autoritäre, wenn nicht sogar totalitäre Züge annimmt, betrachtet man auch die Fälle von staatlicher Gewalt. Die nationale Elite rund um den Präsidenten dominiert die wirtschaftlichen Zugänge, die staatliche Kanäle und zeichnet sich durch Korruption und Neopatrimonialismus aus. Diese Elite besitzt die gesamten Ressourcen und verteilt diese um ihre eigene politische Legitimität zu gewährleisten. Dies geht einher mit der staatlich-elitären Propaganda – also mit dem wohlfahrtstaatlichen Bild. Die Herrschaftsweise ist autoritär, greift massiv in die Privatsphäre der Gesellschaft ein und erlaubt weder Meinungs- noch Versammlungsfreiheit. Der Zugang ist nur auf die nationale Elite rund um den Präsidenten beschränkt.

Zusammenfassend: Aserbaidschan ist eine konsolidierte Autokratie, mit sehr wenigen demokratischen Zügen. Ich würde sogar so weit gehen und dieses Regime als hybrid bezeichnen und zwar als Mischung zwischen autoritären und totalitären Charakteristika. Aserbaidschan ist weiter von der Demokratie entfernt als beispielsweise Russland.

Und nun folgt eine Zusammenfassung über die theoretischen Werkzeuge und deren Anwendung auf den postsowjetischen Raum.

5. Conclusio

In allen vier Ländern konnte festgestellt werden, dass sich autoritäre Regime etablierten, die bestrebt sind ihre reichlichen Eröl- und Ergasressourcen auf dem Weltmarkt zu platzieren und somit wiederrum ihre Machtbasis zu erhalten bzw. auszubauen. „Die westlichen Staaten, insbesondere die USA, unterstützten sie dabei. Der Westen wollte nicht nur von den Öl- und Gasvorkommen profitieren, sondern erhoffte sich durch die wirtschaftliche Integration der ehemaligen Sowjetrepubliken auch die politische Stabilität in der Region gewährleisten zu können. Vor allem Aserbaidschan und Kasachstan gelang es nach der Unabhängigkeit internationale Energiekonzerne anzulocken, die umfangreiche Investitionen in den Öl- und Gassektor beider Länder tätigten." (Abdolvand 2013). Kasachstan und Aserbaidschan verfügen mit 30 Mrd. bzw. 7 Mrd. Barrel über die weitaus größten nachgewiesenen Ölreserven in der Region. Turkmenistan verfügt mit 24,3 Billionen m³ mit Abstand über die größten nachgewiesenen Erdgasreserven (ebd.).

Die reichen Einnahmen aus dem Energiesektor kommen nicht der gesamten Bevölkerung zugute, sondern werden von den herrschenden Eliten in Form von (kurzfristigen) Renten zur Aufrechterhaltung ihrer Machtbasis eingesetzt. Statt Mittel für den Wohlfahrtstaat einzusetzen, oder die Wirtschaft nachhaltiger zu gestalten, verwenden diese Regime meist umfangreiche Mittel für die Einrichtung von Prestigebauten, für die Erweiterung des Sicherheitsapparates und für die propagandistische Steuerung der öffentlichen Meinung. Alle vier Länder können als autoritäre Rentierstaaten bezeichnet werden, wobei zwischen Russland und Turkmenistan beispielsweise deutliche Unterschiede herrschen. Russland hat noch am ehesten demokratische intakte Institutionen und greift zeigt auch aufgrund einer fehlenden „Massenideologie" keine totalitäre Merkmale. Die Konzepte Ressourcenfluch, Holländische Krankheit und Rentierstaatlichkeit können durchaus im postsowjetischen Raum, speziell in den von mir ausgewählten Ländern durchaus angewandt werden. Die Wirtschaft der genannten Länder leidet unter dem boomenden Energiesektor und die Herausbildung neopatrimonialer bzw. informeller Netzwerke unterwandert die demokratische Legitimität dieser Staaten. Auch wurde eindeutig festgehalten, dass alle vier Ländern Rentierstaaten sind.

Quellen- und Literaturverzeichnis

Basedau, Matthias & Mehler, Andreas (2003): African Resources and War. In: Internationale Politik, Global Edition, Vol. 4/ 2003, Nr.3, S. 95-100.

Basedau, Matthias (2005): Context Matters – Rethinking the Resource Curse in Sub-Saharan Africa. Hamburg: GIGA Working Paper, Nr. 1. http://www.giga-hamburg.de/dl/download.php?d=/content/publikationen/pdf/wp01_basedau.pdf (Zugriff: 05.01.2010).

Basedau, Matthias/Lay, Jann (2009): Resource Curse or Rentier Peace? The Ambiguous Effects of Oil Wealth and Oil Dependence on Violent Conflict. In: Journal of Peace Research, Vol. 46, Nr. 6, S. 757-776.

Brad, Alina & Brand, Ulrich (2016): Die Macht der ökologischen Krise: Perspektiven der Politischen Ökologie. In: Politix 40, Nov. 2016, S. 5-10.

Braun, Reiner et al. (Hrsg.) (2009): Kriege um Ressourcen. Herausforderungen für das 21. Jahrhundert. München: oekom verlag.

BTI (2018): Azerbaijan Country Report, URL: https://www.bti-project.org/en/reports/country-reports/detail/itc/AZE/.

BTI (2018): Kazakhstan Country Report, URL: https://www.bti-project.org/en/reports/country-reports/detail/itc/kaz/itr/pse/.

BTI (2018): Russia Country Report, URL: https://www.bti-project.org/en/reports/country-reports/detail/itc/RUS/.

BTI (2018): Turkmenistan Country Report, URL: https://www.bti-project.org/en/reports/country-reports/detail/itc/TKM/.

Cordon, Max & Neary, Peter (1982): Booming Sector and De-Industrialisation in a Small Open Economy. In: The Economic Journal, Vol. 92, Issue 368. S. 825-848.

Götz, Roland (2018): Jewtuschenkows Niederlage. Rosnefts Expansion durch Annexion. In: Bundeszentrale für politische Bildung, URL: https://www.bpb.de/internationales/europa/russland/analysen/264041/analyse-uljukajews-fall-und-jewtuschenkows-niederlage-rosnefts-expansion-durch-annexion.

Humphreys, Macartan/Sachs, Jeffrey D./Stiglitz, Joseph (Hrsg.) (2007): Escaping the Resource Curse. Initiative for Policy Dialogue at Columbia. New York: Columbia University Press.

Jakobeit, Cord & Meißner, Hannes (2011): Frieden und Ressourcen, In: Hans J. Gießmann & Bernhard Rinke (Hrsg.): Handbuch Frieden, Wiesbaden: VS Verlag.

Karl, Terry Lynn (1997): The Paradox of Plenty: Oil Booms and Petro-States. Berkeley: University of California Press.

Klare, Michael T. (2001): Resource Wars: The New Landscape of Global Conflict. New York: Metropolitan Books.

Klare, Michael T. (2008): Rising Powers, Shrinking Planet: The New Geopolitics of Energy. New York: Metropolitan Books.

Le Billon, Phillipe (2001): The Political Ecology of War: Natural Resources and Armed Conflict. In: Political Geography, Vol. 20, Nr. 5, S. 561-584.

Le Billon, Phillipe (2005): Fuelling War. Natural Resources and Armed Conflict. London: Routledge.

Malthus, Thomas Robert [1798] (2007): An Essay on the Principle of Population. New York: Dover Publications.

Meadows, Dennis et al. (1972): Die Grenzen des Wachstums. Bericht des Club of Rome zur Lage der Menschheit. Stuttgart: Deutsche Verlagsanstalt.

Meißner, Hannes (2010): The Resource Curse and Rentier States in the Caspian Region: A Need for Context Analysis. In: GIGA Research Programme: Violence and Security. Nr. 133/ Mai 2010.

Mommsen, Margareta (2018): Dossier Russland. In: Bundeszentrale für politische Bildung, URL: https://www.bpb.de/internationales/europa/russland/47933/einleitung.

Renner, Michael (2004): Anatomie der Ressourcenkriege. In: Altner Günter et al. (Hrsg.) (2004): Jahrbuch Ökologie 2005. München: C.H.Beck, S. 102-113.

Ross, Michael Lewin (1999): The Political Economy of the Resource-Curse. In: World Politics, Vol. 51, Nr. 2, S. 297-322.

Ross, Michael Lewin (2001): Does Oil Hinder Democracy? In: World Politics, Vol. 53, Nr. 3, S. 325-361.

Schmid, Claudia (1997): Rente und Rentier-Staat. Ein Beitrag zur Theoriegeschichte. In: Andreas Böckh, Peter Pawelka (Hg.): Staat, Markt und Rente in der Internationalen Politik. Opladen: Westdeutscher Verlag.